Phil Bosmans

Sonnenstrahlen ins Leben

Mit Fotografien von Werner Richner

Herder Freiburg · Basel · Wien

Einfach leben: Herrlich!
In die Luft gucken,
am Tag die Sonne sehen
und in der Nacht die Sterne.
Blumen betrachten, Kindern zuschauen,
die Phantasie spielen lassen,
tun, was Freude macht,
an die schönen Stunden denken,
zufrieden sein, einfach Mensch sein:
Das Leben wird ein Fest.

Hab die Menschen gern:
die kleinen und die großen,
die schönen und die häßlichen,
die geschickten und die ungeschickten,
die gelungenen und die mißglückten.
Hab die Menschen gern, so wie sie sind.
Andere gibt es nämlich nicht.

Mach Licht in deinem Herzen an.
Dann kommt Licht in deine Augen,
und du siehst lauter schöne Dinge
und lauter liebe Menschen.

Du hast nur ein Leben.
Liebe das Leben, so wie es ist.
Versuch es mit diesem Leben.
Wenn du es ablehnst,
hast du kein Leben mehr.

Schaut man sich bei den Menschen um, bekommt man den Eindruck: Viele leben nicht gern. Es tut ihnen leid, daß sie leben. Sie achten im Leben immer nur auf die Kehrseite und haben kein Auge für das Gute. Sie starren nach unten, aufs Dunkle. Nie blicken sie nach oben, ins Licht. Sie vergessen die Sterne. Sie sind blind, sie sehen die vielen Freuden jedes Tages nicht.

Ein zufriedener Mensch erwartet vom Leben nicht mehr, als das Leben ihm geben kann. Es gibt dunkle Tage und helle Tage. Ein zufriedener Mensch genießt die Tage, wie er sie bekommt. Wer zuviel erwartet, zieht dunkle Wolken auf sich. Er macht sich selbst die schlechten Tage.

Hänge deine Regenwolken
zum Trocknen in die Sonne.

Sag danke, kleiner Mensch,
für den Strom der Liebe,
der leise durch die Welt geht.

Danken heißt erkennen, was dir alles Gutes getan wird. Hast du dir selbst das Augenlicht gegeben? Hast du dir selbst die Finger an die Hand getan? Irgendwie ist da ein Geheimnis der Liebe eingebaut. Irgendwo hat dich jemand unglaublich gern.

Danken heißt sich an das erinnern, was andere für dich taten. Es gab Arme, die dich trugen, bevor du laufen konntest. Es gab eine Hand, die dich streichelte, einen Mund, der dich küßte, ein Brot, das für dich gebacken wurde. Der Dankbare zeigt, daß sein Herz ein gutes Gedächtnis hat.

Menschen waren gut zu mir. Sie sorgten für mich, als ich klein war. Sie begleiteten mich, als ich größer wurde. Sie machten mir Mut, als es mir schlecht ging. Sie waren froh, weil ich froh war. Mein Herz vergißt das nicht.

Das Gedächtnis des Herzens
heißt Dankbarkeit.

Leben ist ein aufregendes Abenteuer
mit Gott und mit den Menschen
in einer Welt voller Licht und Finsternis.

Ich liebe die Menschen, die um mich leben.
Ich liebe die Freude,
und so kommt die Freude zu mir.

Ich liebe die Freundschaft,
und so pflücke ich die Sterne
und ist mein Tag voller Seligkeit.

Wer immer nur haben will, ist nie zufrieden.
Das Leben macht ihm keine Freude.
Er ist ein Vogel mit zu schweren Flügeln.
Er wird niemals zur Sonne fliegen können.

Wer mit wenig zufrieden sein kann,
wird mehr erhalten, als er erwartet.
Alles, was er bekommt, wird wie ein Wunder sein.
Ihm werden die Wunder des Lebens geschenkt.

WORD
UP

Was machst du für ein Gesicht? Ist es dein wahres Gesicht oder eine Maske, hinter der du dich versteckst? Einmal im Jahr, im Karneval, können wir ein anderes Gesicht aufsetzen und verrückt spielen. Aber spiel nicht jeden Tag Theater: zu den Menschen, auf die du angewiesen bist, die Freundlichkeit selbst und zu den anderen das Gegenteil. In der Öffentlichkeit ein Strahlemann und zu Hause ein Finsterling. Ein Schmeichelkätzchen zu den Chefs und eine Kratzbürste, wo du das Sagen hast.

Fang den Tag mit einem Lächeln an.
Beginne jeden Morgen
mit einem freundlichen Gesicht.
Die Arbeit wird dir nicht so schwer.
Der eigene Kummer wird kleiner
und die Last der anderen leichter.
Ein Kranker wird aufgemuntert,
und wer im Finstern sitzt,
sieht einen Hoffnungsschimmer.

Ein freundliches Gesicht –
manchmal ein rettender Engel.

Vergiß die schönen Tage nicht!
Denn wenn du sie vergißt,
dann kommen sie nie wieder.

Wenn du Ärger mit deiner Umgebung hast,
wenn du nicht mehr ein noch aus weißt,
dann denke an die schönen Tage,
als du lachtest und tanztest,
als du ohne Sorgen warst wie ein Kind.

Wenn dein Leben voller Leid,
wenn dein Herz voller Bitterkeit
und alle Hoffnung auf Glück verflogen ist,
dann suche sorgsam die schönen Tage
in deiner Erinnerung auf,
als kein Wölkchen den Himmel trübte,
als dein Leben voller Sonne war,
voller Freude und Geborgenheit.

Fülle deinen Kopf mit Hoffnung,
dein Herz mit Frieden
und deinen Mund mit Lachen –
und alles wird wieder gut.

Es gibt Leute,
die Licht verbreiten.
Und es gibt Leute,
die alles finster machen.

Kritik muß sein. Wahre Kritik entdeckt das Geschwür unter der Oberfläche und sucht nach Heilung. Wahre Kritik ist für eine erstarrte Gesellschaft wie eine kalte Dusche, die die Durchblutung fördert, wie eine kräftige Massage, die alles wieder beweglich macht. Kritik ist lebensnotwendig.

Aber ein krankhafter Kritiker steht überall auf der Bremse. Er hat an allem etwas auszusetzen. Er ist wie ein Reißwolf, er macht alles kurz und klein. Überall sieht er schwarze Löcher. Bei ihm geht die Sonne am Morgen unter.

Die schwerste Kritik ist die Selbstkritik. Sie führt zu befreiender Selbsterkenntnis. Sie ist das Gegenteil von Selbstmitleid und Selbstverachtung. Wer offen und ehrlich ist zu sich selbst, wird auch verständnisvoller für andere.

Mach die Welt besser,
fang bei dir selbst an!

Wer sich selbst vergessen kann,
vergißt auch seine Sorgen.

Jeden Tag begegnen wir Herrn Ich. Herr Ich ist leicht zu erkennen. Er sagt immer: Ich, ich, ich. Seine Worte sind die wichtigsten, seine Gedanken die besten, seine Erlebnisse die aufregendsten, seine Wünsche die dringendsten, seine Leiden die schlimmsten. Alles dreht sich um ihn. Herr Ich ist sehr beschäftigt. Er hat nie Zeit für andere. Herr Ich wohnt in jedem Menschen.

Setzen wir diesen Egoisten vor die Tür! Fühlen wir mit unseren Mitmenschen, teilen wir ihre Freuden und Leiden. Wir Menschen gehören zusammen, wir brauchen einander, wir sind füreinander unentbehrlich. Machen wir den befreienden Schritt zum anderen, zu einem Menschen in unserer Nähe, der vielleicht schon lange auf uns wartet.

Wir werden nicht größer,
wenn wir andere kleiner machen.
Wer voll ist von sich selbst,
ist im Grunde leer.

Sei vorsichtig in deinen Reden.

Ein hartes Wort kann tief verletzen. Worte, die voll sind von Haß, bringen Menschen auseinander. Wo Worte zur Waffe werden, stehen sich Feinde gegenüber. Aber unser Leben ist viel zu kurz und unsere Welt viel zu klein, um ein Schlachtfeld daraus zu machen.

Sei liebevoll in deinen Reden.

Worte, die von Herzen kommen, können Menschen zusammenbringen. Worte können Frieden stiften und Herzen verwandeln. Selig sind, die alle bitteren Worte aus ihrem Mund entfernen und mit etwas Humor Dornen in Rosen verwandeln.

Ein Wort kann wie eine Geburt sein;
wie ein Stern, der vom Himmel fällt;
wie ein Stück Brot für einen neuen Anfang.

Und es gibt sehr viele Dinge,
über die braucht man nicht zu reden,
die muß man nur tun.

Gewalt ist die schlechteste Antwort
auf die schweren Probleme dieser Zeit.

Täglich setzen uns die Medien eine Riesenportion von Gewalt und Terror vor: Überfälle, Geiselnahmen, Grausamkeiten, Vergewaltigungen, Mord. Täglich fällt auf das Glück der Menschen der tödliche Schatten der Gewalt.

Gewalttätige sind wie Bulldozer. Sie walzen alles platt, was zart und schwach und leicht zu verletzen ist. Wo sie in der kleinen Welt der Familien und Betriebe regieren, wird das Leben zur Hölle. Wo sie in der großen Weltwirtschaft und Weltpolitik auftauchen, hinterlassen sie Verwüstung und Verzweiflung.

Zur Gewalt mußt du hassen lernen.
Zur Gewaltlosigkeit mußt du lieben lernen.

Selig die Gewaltlosen, die nicht nach Macht hungern; die dort stehen, wo die Schwachen sind und wo Menschen Opfer von Menschen werden; die mutig eintreten gegen den Mißbrauch der Macht; die die Spirale der Gewalt umdrehen zu einer Spirale der Freundschaft und Liebe.

Die Menschen leben heute immer länger, aber nicht immer glücklicher. Die Menschen lernen heute tausend Dinge, nur nicht leben. Sie haben nichts begriffen. Sie meinen, darin liege das ganze Glück der Menschen: viel haben, gut essen, weit reisen. Wie kann man in einer Zeit mit so viel Wissenschaft so dumm sein!

Einfach leben, nicht alles haben wollen, nicht neidisch sein, nicht jammern und klagen, miteinander lachen, einem anderen gut zureden, dasein, wenn einer mich braucht. Nicht weil du das mußt, sondern weil du dazu Lust und Liebe hast, weil du Mensch bist.

Du bist mehr als eine Maschine für bestimmte Zwecke und Funktionen, mehr als dein Titel, deine Arbeit, deine Leistung. Du bist zuallererst Mensch, um zu leben. Um zu lachen und zu lieben, um glücklich zu sein, um ein guter Mensch zu sein. Das ist das Wichtigste auf dieser Welt.

Mit jedem guten Menschen,
der durch die Welt geht,
geht eine Sonne auf.

Geh beizeiten schlafen,
morgen mußt du freundlich sein.

Viele Menschen sind Opfer einer kranken Lebensweise, Opfer einer Erholung, die mehr aufreibt als entspannt. Sie arbeiten viel weniger und sehen doch meistens so schrecklich müde aus. Lauter schlecht gelaunte Gesichter.

Der Schlaf ist wie ein abgewiesener Liebhaber, der am Abend anklopfte und nicht hereingelassen wurde. Wenn ihr dem Schlaf nicht seine Stunden gönnt, wird er am Ende entmutigt ausbleiben. Ihr werdet nach Schlaf rufen, und der Schlaf kommt nicht mehr.

Viele Menschen leben gehetzt und gejagt, von Sorgen verfolgt. Sie haben den Sinn verloren für Stille, für Ruhe, für die Nacht, die Gott uns zur Erholung gab. Gestörte Nächte machen gereizt, und Nervosität schafft neue Probleme.

Eine Nacht gut schlafen
löst manches Problem.

Viele Menschen sind müde und mutlos.
Unter einer dünnen Oberfläche
lauert die Angst vor der Krise.

Der Krisenschmerz ist ein Signal, so wie Bauchschmerzen signalisieren: Anders essen, anders leben! Ist die Krise eine Katastrophe oder ein Segen? Krisen führen zum Nachdenken, was wirklich wichtig ist. Werden in der Gesellschaft mächtige Gruppen ihre eigenen Interessen und Vorteile verteidigen, ohne Rücksicht auf die Schwachen und Machtlosen? Oder werden wir anders leben: einfacher, natürlicher, menschlicher?

Wir brauchen nicht zu verzweifeln. Die Krise kann ein Segen sein. Sie kann uns neue Wege zeigen, um als Menschen zu überleben. Wir müssen die Krise entdramatisieren. Eine Wüste kann ich nicht an einem Tag verändern, aber anfangen kann ich mit einer Oase. Alle Wüsten der Menschen können wieder fruchtbar werden: durch Liebe. Wir müssen in unserer Wüste Blumen pflanzen, in unserer Nacht Sterne säen, ohne ständig zu fragen, was dabei herauskommt. Alles hängt an einer neuen Denkweise, an einer neuen Lebensweise, an einem neuen Herzen.

Wer ist schuld? Keine Frage: die anderen, die anders denken, anders glauben, anders leben. Man selbst weiß es natürlich besser, macht es besser und ist besser. Man setzt sich auf einen hohen Richterstuhl. Aber die meisten Richterstühle, auf denen man über andere urteilt, haben wacklige Beine: Unwissenheit, Überheblichkeit, Unbarmherzigkeit.

Sei nicht so streng mit den anderen.
Versuche, auch bei ihnen Gutes zu finden.
Du wirst überrascht sein,
wieviel das ist.

Mit einem, der immer recht hat, ist schlecht leben. Mit einem Unfehlbaren kannst du nicht reden, du darfst nur zuhören und ihm recht geben, wenn du keinen Ärger willst. Unfehlbare gibt es gar nicht so selten. Vielleicht haben andere so etwas auch schon an dir entdeckt.

Vergiß nicht, daß andere
in einer anderen Haut stecken als du,
daß sie anders denken,
anders fühlen, anders leben.

Kennst du das Rezept, wie man niemals glücklich wird? Wehmütig den schönen Tagen nachzutrauern, die vorbei sind. Sich voller Angst das Unglück auszumalen, das morgen kommen könnte. Sich das Leben wie eine Lotterie vorzustellen und auf das große Los warten, das doch nie kommt. Aber zum Glück gibt es keinen bequemen Aufzug. Man muß die Treppe nehmen.

Denke nicht zu schnell, du könntest dann erst glücklich sein, wenn du dieses Ziel erreicht oder jenen Sieg errungen hast, wenn du ein Auto oder ein Haus kaufen, wenn du dir Luxus leisten kannst. Das wahre Glück ist nicht unerschwinglich teuer und nicht unerreichbar fern. Ganz nahe ist das Glück. Heute blühen kleine Freuden an deinem Weg. Du mußt sie nur entdecken und dankbar dafür sein. Um glücklich zu sein, ist nicht wichtig, mehr zu besitzen, sondern weniger zu begehren.

Hör auf, die Nöte von gestern wiederzukäuen.
Mach dir keine sinnlosen Sorgen um die Zukunft.
Wenn du heute nicht glücklich sein kannst,
erwarte nicht, daß morgen ein Wunder geschieht.
Heute mußt du glücklich sein.

In dir liegt das Glück.
Das Glück nimmt seinen Anfang
im Grunde deines Herzens.
Und du gibst es weiter:
wenn du freundlich bleibst,
wo andere unfreundlich sind;
wenn du hilfst, wo keiner mehr hilft;
wenn du zufrieden bist,
wo andere Forderungen stellen;
wenn du lachen kannst,
wo nur geklagt und gejammert wird;
wenn du vergeben kannst,
wo Menschen dir Böses taten.

In dir liegt das Glück.
Man wird sagen: So ein Träumer!
Weil du immer noch an Menschen glaubst,
an das Leben und daran,
daß alles anders werden kann.
Menschliches Glück hängt ab
von Lieben und Geliebtwerden
und von so vielen schönen Dingen,
die gratis sind.

Geld ist etwas Gutes. Für die meisten Menschen bedeutet Geld das tägliche Brot und den nötigen Lebensunterhalt. Jeder will es haben. Das ist ein gutes Recht. Aber wenn jeder so viel wie möglich haben will, fangen die Konflikte an. Wenn Geld zu einem Gott wird, beginnt das Unglück.

Dann gehen Menschen vor dem Geld in die Knie und werden zu Kriechern. Wegen Geld zerbrechen Familien und Freundschaften. Für Geld schlagen Menschen zu und werden zu Mördern. Geld macht Menschen zu Ausbeutern und Erpressern. Die Gier nach Geld erstickt den Sinn für Menschlichkeit.

Mit Geld allein ist der Mensch
keinen Pfennig wert.

Mit allem Geld der Welt kann man
kein Gramm Liebe produzieren.

Das Wichtigste kannst du nicht kaufen:
Glück und Geborgenheit.
Liebe gibt es nur umsonst.

Auch der reichste Mensch stirbt arm.
Das einzige, was er mitnehmen kann,
ist der Reichtum seines Herzens:
die Liebe, mit der er Menschen geliebt hat.

Reichtum des Herzens: ein Lächeln, ein Händedruck, eine freundliche Geste, ein fröhliches Wort. Wer den Sinn für diesen lebendigen Reichtum verliert, sucht als Ersatz tote Dinge.
Mit Geld kannst du Beziehungen kaufen, aber keine Freundschaft.
Mit Geld öffnet sich dir jede Tür, nur nicht die Tür zum Herzen.

Der Graben, der so viele Menschen trennt, ist der Graben zwischen Arm und Reich. Es gibt Menschen, die schwimmen im Geld. Andere können kaum ihren kleinen Zeh ins Wasser stecken. Und doch sind diese anderen den großen Schwimmern meistens im Weg.
Die reichen Länder führen sich auf, als ob der Reichtum der Erde ihr Privateigentum wäre.

In der Ökonomie der Liebe
mußt du mehr geben, als du besitzt.
Du mußt dich selbst geben.

Trotz allem Wohlstand in unseren Ländern ist für viele Menschen das Leben ein Kreuzweg. Sie werden enttäuscht, betrogen, beleidigt, geschlagen, verachtet und verstoßen. Warum tun Menschen das einander an?

Briefe, Anrufe, Gespräche versetzen mich in den Dschungel, in dem Menschen einander quälen und zur Verzweiflung bringen. Wenn ich dann ohnmächtig bei den vielen Opfern sitze, die am Ende ihrer Kräfte sind, dann möchte ich in diesen Dschungel schreien:

Zurück, Menschen!
Zurück zum einfachen Leben,
zu den einfachen Dingen des Lebens.

Unsere kalte Welt braucht Wärme. Die Menschen sehnen sich nach einem verständnisvollen Wort, einer liebevollen Geste. Sie warten auf ein fröhliches Gesicht, sie hungern nach Zärtlichkeit. Zieh Güte an, laß keinen stehen in der Kälte. Sei ein Segen für die Leidenden, die in ihrer Verlassenheit einen Mitmenschen suchen, eine behutsame Hand, ein mitfühlendes Herz.

Altwerden ist keine Katastrophe.
Alter muß kein Unglück sein.
Lerne alt werden mit einem jungen Herzen.
Das ist die ganze Kunst.

In hochstehenden Kulturen werden alte Menschen mit ihrer Lebenserfahrung, ihrem Humor, ihrer Ruhe und Gelassenheit, ihrem Rat und ihrer Weisheit hochgeschätzt. Unsere Zeit macht sie meistens zum Problem: Wo bringen wir sie unter, wie versorgen wir sie, womit beschäftigen wir sie – und wie stören sie uns am wenigsten?

Es gibt alte Menschen, die durch körperlichen und geistigen Verfall zu einer schweren Last geworden sind. Es gibt alte Menschen, die durch ihren Starrsinn ihre Umgebung manchmal tyrannisieren. In Liebe und Geduld müssen wir sie ertragen und ihnen helfen, ihre Last zu tragen.

Doch in vielen alten Menschen schlummern Schätze. Nehmen wir uns Zeit, das zu entdecken. Wie heilsam sind sie für uns – sie kennen den Lauf der Welt, sie machen sich keine Illusionen. Wie kostbar sind sie für uns! Schon ihre stille Gegenwart zeigt uns den wahren Wert des Lebens.

Segen eines alten Menschen

Gesegnet seien, die verstehen,
daß meine Füße langsam geworden sind
und daß meine Hände zittern.
Gesegnet seien, die daran denken,
daß meine Augen nicht mehr gut sehen,
daß meine Ohren schwer hören
und daß ich nicht alles gleich verstehe.
Gesegnet seien, die nicht schimpfen,
wenn ich etwas fallen lasse,
und die mir helfen, meine Sachen zu finden.
Gesegnet seien, die mich anlachen,
die ein Schwätzchen mit mir halten.
Gesegnet seien, die meine Schmerzen lindern
und auf meine Krankheit Rücksicht nehmen.
Gesegnet seien, die mich Liebe fühlen lassen
und die zärtlich mit mir umgehen.
Gesegnet seien, die bei mir bleiben,
wenn ich den Weg in die Ewigkeit gehe.
Gesegnet seien alle, die gut zu mir sind.
Sie lassen mich an den guten Gott denken.
Und ich werde sie bestimmt nicht vergessen,
wenn ich einmal bei ihm bin.

Mitten im Leben steht der Tod. Aber niemand will ihn sehen, niemand will mit ihm zu tun haben. Sterben ist unheimlich, wenn du blindlings in ein Land gehst, an das du noch nie gedacht, von dem du noch nie geträumt hast.

An den Tod denken wirkt befreiend, wenn man glauben kann an ein ewiges Leben. Es öffnen sich ungeahnte Ausblicke. Das Leben endet nicht in einem dunklen Loch. Es gibt Zukunft für das wunderbare Wesen Mensch. Wenn du alt wirst, weißt du mit absoluter Sicherheit, daß du auf den Rand der Welt zugehst und eines Tages fallen wirst, schwindelerregend tief, und doch:

Laß dich ruhig fallen,
denn du fällst in die offene Hand
und in die zärtlichen Arme
eines unendlich lieben Gottes.

So wie ich keine Schwierigkeiten habe anzunehmen, daß ein Weizenkorn, das in der Erde stirbt, zu blühenden Ähren und zu einem neuen Weizenkorn wird, so habe ich auch keine Schwierigkeit zu glauben, daß das wunderbare Wesen Mensch, das auf Erden stirbt, auferstehen wird zu einem neuen Leben in einem Paradies voller Freude.

Herr, mach mich frei von meinen Begierden, denen ich verfallen bin und die mich krank machen. Mach mich frei von meinen Einbildungen, die mich entstellen, die mich so häßlich machen.

Herr, mach mich frei von meiner Habsucht, die mich betrügt und so gemein macht. Mach mich frei von der Sucht nach Dingen, die meinen Hunger doch nicht stillen.

Ich habe zwei Augen,
kostbar wie Diamanten,
einen Mund, um zu pfeifen,
und eine Gesundheit,
die ist nicht zu bezahlen.
Herr, das ist mir genug.

Ich habe eine Sonne am Himmel,
und ein Dach über dem Kopf.
Ich habe einen Tisch und zu essen.
Und Menschen, die ich lieben kann.
Herr, das ist mir genug.

Wo Menschen in Liebe leben,
ist Gott gegenwärtig.
Wer in der Liebe lebt,
lebt bewußt oder unbewußt
im magnetischen Feld
eines Gottes, der Liebe ist.

Gott ist gegenwärtig in jedem Menschen, der dich gern hat, der dich der Mühe wert findet, der mit dir geht und bei dir bleibt, wenn es Abend wird. Gott schaut dich an durch die zarten Augen jedes Menschen, der Verständnis für dich hat.

Gott ist gegenwärtig in jedem guten Wort, das dich tröstet und aufrichtet. Er ist in dem Arm auf deiner Schulter, der dir Mut macht, in der Hand, die dir die richtigen Wege zeigt.

Gott ist gegenwärtig in dem Mund, der dich mit Liebe küßt, in der Wärme des Herzens, die du in der Umarmung spürst. Wo Liebe im Herzen der Menschen wohnt, können Menschen sinnvoll über Gott sprechen und einander verstehen.

Liebe. Keine Erfindung von Menschen.
Eine Erfindung Gottes.

Leben heißt,
Menschen und Dinge umarmen
und wieder loslassen,
daß sie grünen und blühen
vor Gottes Angesicht.

Leben heißt,
dankbar sein für das Licht
und für die Liebe,
für die Wärme und Zärtlichkeit,
die in Menschen und Dingen
so einfach gegeben sind.

Leben heißt,
alles ansehen als Gabe Gottes,
alles seine Gabe sein lassen,
nichts und niemand besitzen
und jauchzen über jeden Stern,
der vom Himmel fällt.

In der Reihe „Sonnenstrahlen" von Phil Bosmans sind im Verlag Herder außerdem erschienen:

Phil Bosmans/Florian Werner · Sonnenstrahlen der Freude. ISBN 3-451-26076-X
Phil Bosmans/Florian Werner · Sonnenstrahlen der Freundschaft. ISBN 3-451-26316-5
Phil Bosmans/Werner Richner · Sonnenstrahlen des Glücks. ISBN 3-451-26077-8
Phil Bosmans/Florian Werner · Sonnenstrahlen des Herzens. ISBN 3-451-26079-4
Phil Bosmans/Werner Richner · Sonnenstrahlen der Hoffnung. ISBN 3-451-26078-6
Phil Bosmans/Florian Werner · Sonnenstrahlen der Liebe. ISBN 3-451-26315-7
Phil Bosmans/Werner Richner · Sonnenstrahlen der Schöpfung. ISBN 3-451-26446-3

Weitere erfolgreiche Titel von Phil Bosmans bei Herder:

Phil Bosmans/Werner Richner · Applaus für das Leben.
Das große vierfarbige Geschenkbuch. 1995. ISBN 3-451-23635-4

Phil Bosmans/Hermann Steigert · Zum Glück zu zweit.
Vitamine für Verheiratete und für alle, die gemeinsam durchs Leben gehen.
4. Auflage 1997. ISBN 3-451-23314-2

Phil Bosmans · Worte zum Menschsein.
16. Auflage 1997. ISBN 3-451-21787-2

Übertragung ins Deutsche,
Auswahl aus den Schriften von Phil Bosmans
und autorisierte Bearbeitung:
Ulrich Schütz

Einbandgestaltung: Hermann Bausch
Reproduktionen: RETE GmbH, Freiburg
Herstellung: L.E.G.O. Olivotto S.p.A., Vicenza 1997
ISBN 3-451-26447-1

„Bund ohne Namen" – die große, von Phil Bosmans gegründete Bewegung für ein Leben mit Herz und eine Kultur der Liebe in unserer Welt.
Wenden Sie sich für nähere Informationen an die deutsche Kontaktadresse:

Bund ohne Namen e.V., Postfach 154, 79001 Freiburg